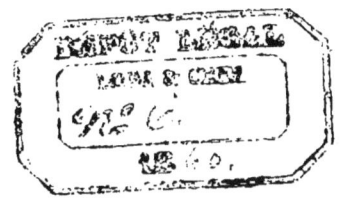

LE

CHATEAU D'AMBOISE

NOTICE

SUR LE

CHATEAU D'AMBOISE

PAR

Alonso PÉAN

DE LA SOCIÉTÉ ARCHÉOLOGIQUE DE TOURAINE
DE LA SOCIÉTÉ ACADEMIQUE DE BLOIS ET DE PLUSIEURS
AUTRES SOCIÉTÉS SAVANTES.

BLOIS
CHEZ TOUS LES LIBRAIRES
1860.

PRÉFACE

Amboise appartient à notre département, pour ainsi dire, par une partie de son histoire et par sa position à l'extrémité occidentale du cadre admirable de la grande vallée de notre Loire blésoise.

Nous n'avons pas ici l'intention de donner une monographie complète de son château ; tâche immense, glorieuse sans doute, mais au-dessus de nos forces ! Notre seul but a été d'attirer par cette brève Notice l'attention des amis de nos antiquités nationales sur un des rares monuments de la féodalité française, épargnés par les révolutions et les âges ; nous nous sommes donc borné à joindre au récit des principaux événements quelques considérations ethnologiques. Ceux de nos lecteurs (si lecteurs nous viennent) que peuvent intéresser de plus amples détails, les trouveront dans les ouvrages de Chalmel, dans les excellentes histoires de MM. Vatout et Cartier, dans le Recueil des Mémoires de la Société archéologique de Touraine, enfin, dans la collection de la Revue Numismatique ; travaux qui nous ont été d'un grand secours.

AMBOISE.

Le nom d'Amboise, latinisé par Sulpice Sévère, *Ambatia*; par Grégoire de Tours et l'épigraphie monétaire mérovingienne, *Ambacia, Anbace, Ambasciacum*, etc.; par Guillaume le Breton, *Ambadius* (1) : est formé d'une particule suffixe et du radical *amb*, exprimant l'idée de réunion, de jonction; étymologie qui semble fort rationnelle : Amboise étant situé au point d'intersection des deux vallées de la Loire et de l'Amasse (2).

L'origine de cette ville est inconnue; on regarde comme certain qu'elle a succédé à une bourgade celtique, dominée par un lieu de refuge fortifié, un *oppidum*, dont

---

(1) Is Turonum totum vastaverat, *Ambadiumque*
Philipp., ch. VIII.

(2) Cf. Ces noms de peuples et de lieux : *Ambès, Ambleteuse, Ambazac, Ambiani*, et ces autres mots : *Ambact*, client, attaché; *Amb* (rom.), *Ambé* (prov.), *Amvé* (berr.), avec, en même temps, au même lieu, ensemble, etc.

il reste encore des traces et qu'on appelle le *Camp d'Amboise*, les *Châtelliers*, etc.

Plusieurs circonstances paraissent confirmer cette hypothèse : d'abord la découverte au Camp-d'Amboise d'un nombre considérable de monnaies gauloises (1) ; ensuite un ensemble de traditions recueillies par les chroniqueurs du Moyen-Age ; enfin un fragment de l'hagiographe de S. Martin, Sulpice Sévère. Dégagée du merveilleux confus des légendes, toute l'histoire anté-romaine d'Amboise peut se réduire à ces quelques faits simples et vraisemblables : avant la conquête, le *Condate* ou *bec* de l'Amasse était occupé par une tribu celto-cymrique. L'érection faite en ce lieu par César (Auguste, Tibère ou Claude) d'une statue colossale du Mars latin, fait supposer que cette peuplade adorait le sanguinaire Esus, le Mars druidique. Assez nombreuse pour qu'un Vergobret y eût été établi plusieurs siècles avant J.-C., elle aurait vu camper dans son oppidum, après la prise de Bourges, l'heureux conquérant de la Gaule.

De la conquête romaine à la prédication de S. Martin, des renseignements historiques, d'une authenticité très douteuse, font détruire le castellum d'*Ambatia* par les *Bagaudes*, troupes de paysans gaulois que poussait à la rébellion la rapacité des proconsuls romains. Cet événement se serait passé sous Dioclétien ; mais deux siècles

---

(1) Ce sont des *Turones*, au ℞ de *Triccos* et de *Drucca* ; des *Drucca* (dryade éponyme de *Dreux* et des lieux nommés *Troucey*, *Troussay*, etc.); des *Toutobocio*, au ℞ d'*Ate pilo s*, etc. (E. Cartier, *Rev. numism.*, 1842, 420 à 433.)

auparavant, le castellum, alors dans toute sa splendeur, aurait vu l'empereur Vespasien juger les différends survenus entre les *princes* des Gaules.

En 376, le château aurait été rebâti par un prétendu Anicien, comte de Tours, investi par l'empereur Gratien de la propriété de tout le delta de l'Amasse. C'est à cette époque que l'idole de Mars et sa haute colonne, respectées des Bagaudes, auraient été miraculeusement renversées par les prières de S. Martin.

Les nuages qui couvrent les premiers temps de l'existence d'Amboise, dissipés un moment par le véridique biographe de S. Martin, Sulpice Sévère, s'épaississent de nouveau jusqu'à la venue du père de notre histoire, Grégoire de Tours.

Tout cet intervalle est encore rempli de récits légendaires ou mythologiques, mêlés cette fois à des souvenirs du Cycle de la Table ronde. C'est le fameux Arthus, roi de la Grande-Bretagne, qui gratifie Chédon (1), son maître d'hôtel, de la Touraine et de l'Anjou, qu'il a conquis sur les Romains ; c'est Chédon qui rétrocède la contrée d'Amboise à *Billerius* ou *Billeius* (héros éponyme de *Bléré*), mari de Fausta, petite fille d'Anicien (2) ;

(1) Eponyme de *Caletedunum*, Chaumont, de Saint-Julien-de-*Chedon*, S. Julianus de *Chedone* (*E. Sched. Baluz.*, 1144), de *Chedun* (Charte. de 1201, citée par M. Lambron de Lignim) antea de *Caleteduno*, *Caleduno*, etc.; *Cheldon*, *Chedon*, comme *Chel*les de *Cala* (Monasterium), *Cher* de *Caris*, etc.

(2) *Anicien*, nous semble un nom divin purement topique. Formé du Cymrique *an* ou *aon*, crase d'*avon*, *afon*, fleuve, et de *ik* ou *ek* extrémité. (An+ik, du *fleuve* + *cap* ou promon-

c'est la fille de Billérius, *Lupa*, (déesse topique de Villeloin, *Villa Lupæ*), qui fait l'abandon de tous ses droits à Clovis, lorsque ce monarque franc eut soumis entièrement la Gaule Romaine (1).

Ces traditions merveilleuses où se laissent deviner les origines mythiques de la Haute-Touraine, comprennent donc la période où s'opéra, dans ce pagus celtique, l'entière destruction du paganisme ; alors, commence le VIe siècle. En 496, 504 ou 506 (les chronologistes ne sont pas d'accord), eut lieu dans l'île de Saint-Jean, en face d'Amboise, l'entrevue de Clovis et d'Alaric, dont parle Gregoire de Tours (2). A partir de cette époque, la lumière historique ne cesse plus d'éclairer les événements dont Amboise est l'éminent théâtre.

toire) ; il serait l'appellatif mystérieux et sacré de la cité d'*Ambatia*, comme *Valentia* l'était de Rome, *Ucuete* d'Alise. Dans cette hypothèse, il est remarquable que la tradition ne l'attache ni à la ville, ni au château, mais au tumulus, lieu de consécration élevé dans l'oppidum gaulois : la Motte *Anicien*. (Cf. *Annicoios*, (*Ann+ic-oios*), nom de divinité ou de chef avec nom de divinité sur une médaille gauloise en bronze au ℞ du sanglier ; *Anicium* (*An+ic-ium*), appellation gallo-romaine du Puy-en-Velay, etc.— (V. M. Chaudruc de Crazannes, *Rev. numism.*, 1838-77 ; — M. de la Saussaye, ibid., 1851-391 ; — M. Aymard, *Cong. scientif. de France*, 1856, t. II, p. 324 et suiv.).

(1) *Lupa*, identique en latin à *Biller*ius, *Billes*ius ou *Bille*ius (Cf. **Cym.** *blaidd, bleiz*, loup), semble avoir eu un temple à Amboise, près de la porte *Louve*.

(2) Alaricus, rex Gothorum et Clodoweus, rex Francorum.... conjuncti in insulâ Ligeris quæ erat juxtà vicum *Ambaciencem* (*Hist.*, lib. II, cap. 35.)

La Haute-Touraine et sa capitale firent donc partie du domaine des rois, successeurs du grand Clovis. On ne sait, dès lors, à quel titre en était Seigneur S. Baud, grand référendaire sous Clotaire Ier. Vers 732, elle pourrait avoir reçu quelque atteinte de la grande invasion sarrasine arrêtée par Charles Martel, dans les plaines qui séparent la Touraine du Poitou ; des hauteurs, à peu de distance d'Amboise, portent encore le nom de *Camp des Arabes* (1). Il est plus sûr que cette ville eut beaucoup à souffrir des déprédations des Normands. Ces audacieux pirates détruisirent les ponts, déjà anciens au temps de saint Grégoire de Tours, incendièrent les églises et ravagèrent les campagnes environnantes. Ils furent enfin expulsés, et, dans l'année 870, Louis, dit *le Bègue*, investit Ingelger, petit-fils du duc de Bourgogne, de la Seigneurie d'Amboise, en récompense de la bravoure qu'il avait déployée contre eux. Ce hardi capitaine, qui fut le premier des comtes d'Anjou, n'entra pas toutefois en possession de la ville et de ses dépendances immédiates ; elles formaient un fief tenu par Aimon, de l'illustre maison de Buzançais.

Dix ans après, en 880, Ingelger réunit à cette seigneurie les biens jadis aliénés en faveur d'Adelaude ou Adélald, évêque de Tours, par Charles-le-Chauve, et

(1) Plusieurs seigneurs, un grand nombre de vassaux de la dépendance d'Amboise, prirent aux croisades une large part, signalée par le Tasse lui-même. Le camp des Arabes semble plutôt un souvenir de ces expéditions guerrières, que de l'invasion d'Abdérame, dont aucun document certain ne signale l'extension jusqu'aux rives de la Loire.

dont un démembrement du château faisait partie ; il les avait reçus comme donataire du prélat, à l'occasion du mariage qu'il avait contracté avec Adelinde, nièce de cet évêque et fille de Geoffroy, premier comte de Gâtinais. Devenu seul maître du château et de ses dépendances, l'heureux comte s'occupa de réparer tous les désastres de l'invasion normande. Par ses soins, en 881, l'antique castellum d'Ambatia sortit de ses ruines, ses fortifications furent relevées, et les ponts rétablis rouvrirent, à la grande joie de la population des deux rives de la Loire, les communications interrompues. A la mort d'Ingelger, arrivée en 888, Amboise, tel que l'avaient constitué les libéralités de Louis-le-Bègue et d'Adelaude, continua de former l'un des plus splendides joyaux de la féodale couronne des comtes d'Anjou.

Aucun événement mémorable, néanmoins, n'y signale la domination des premiers successeurs d'Ingelger. Cependant, sous l'un deux, nommé Maurice, la trahison d'un certain Landry pensa faire choir la forteresse amboisienne en des mains ennemies des consuls angevins. Ce personnage, sans patrie bien connue, avait reçu de Geoffroy-Grisegonelle, père de Maurice, la garde du château ; mais, trompant la confiance de son suzerain, il fit ouvertement alliance avec Eudes, comte de Blois et de Champagne. Archambauld de Buzançais et Sulpice, son frère, établis dans leur fief, une maison de la ville, fortifiée d'une tour, l'attaquèrent d'abord, mais sans succès. Foulques-*Nerra* ou le *Noir*, fils et successeur de Maurice, fut plus heureux : il reprit le château sur Landry, chassa ce misérable de la ville et fit raser la maison qu'il y possédait (1).

Foulques-Nerra, dont la place est si large dans l'histoire, a laissé à Amboise des traces de son règne aventureux. Ce fut ce prince qui, de retour d'un premier pèlerinage à la Terre-Sainte, en 1030, fit rebâtir Notre-Dame et l'enrichit d'un morceau de la vraie croix, et, dit-on, d'une partie du lien qui avait attaché les mains du Sauveur. Sa mort mit fin à d'autres projets d'embellissement. Il laissa le gouvernement du château et les possessions qui en relevaient à Lysois de Bazogers, fils de Hugues de Lavardin, guerrier actif (*impiger*), et tige de l'illustre maison d'Amboise.

Les bizarres exigences de la féodalité rendent assez confuses, depuis Foulques-Nerra, la nomenclature des possesseurs simultanés d'Amboise et les limites de leurs possessions. Indépendamment du château, véritable forteresse (*Arx*) où habitait le gouverneur des comtes, ceux-ci possédaient, attenant au bourg, un donjon, *domicilium*, où ils résidaient durant leurs séjours (2). Quant

---

(1) L'existence de Maurice est loin d'être admise par l'histoire ; elle est surtout contestée par M. Cartier père dans son *Essai sur Amboise*. Si l'acte de félonie imputé à Landry est vrai, les événements qui en furent la suite n'ont pu se passer que sous Geoffroy-Grisegonelle, ou sous le frère de celui-ci, Foulques-le-Bon.

(2) *Domicilium*, c'est le nom que lui donne la partie de la grande chronique angevine, relative à la fondation d'Amboise : « omnia usquè ad *domicilium* incenderunt. » (*Rec. de D. Bouquet*, XII, 504 *b* et 509 *b* et *c*.)

aux Buzançais, leur demeure était cette maison fortifiée d'une tour, d'où Archambauld et Sulpice avaient attaqué le rebelle Landry. De bois d'abord, cette tour fut refaite de pierre, par Sulpice. Elle était forte, assez élevée pour qu'on y aperçût les clochers de Saint-Martin de Tours, et se trouvait placée au sud-ouest du château, entre les deux forts de l'Amasse. On fixe sa démolition au commencement du XIIe siècle.

Ainsi, à l'époque où nous sommes arrivé, tandis que les Lavardin, dans la personne de Lysois, occupent le château pour les comtes, les Buzançais tiennent encore le bourg en leur qualité de seigneurs *(domini indominicati).*

Nous avons parlé d'Aimond de Buzançais, contemporain d'Ingelger. A celui-ci succéda Sulpice, dit *Mille-Boucliers*, son fils. L'héritier de Sulpice fut Robert, l'un de ses enfants. Un autre fut cet illustre Hervé qui, devenu trésorier du chapitre de Saint-Martin, en fit rebâtir l'église en 1014, et mourut en odeur de sainteté, vers 1021, suivant Chalmel. Robert eut deux fils, Sulpice, aussi trésorier de Saint-Martin, après Hervé, son oncle, et Archambauld : ce sont ces deux frères que nous avons vu combattre le rebelle Landry.

Foulques-Nerra engagea Sulpice à marier Hersende, sa nièce, fille d'Archambauld, à Lysois de Bazogers dont il avait éprouvé la fidélité et le courage. Hersende apporta en dot à son mari la tour d'Amboise et tout ce que possédait Sulpice dans le pays. A cette dot, Foulques joignit généreusement une grande étendue de terre *(jugera)* dans la plaine de Tours, nommée la Champagne, et, plus tard, Geoffroy-Martel, son fils, le carrefour d'Amboise jusqu'aux moulins de l'Amasse. De cette manière, un seul homme se trouva, après plusieurs siècles, commander au château et au bourg : au bourg, comme maître, au château, comme gardien. Mais, soit défiance de Lysois, soit désir de récompenser d'autres services rendus, Geoffroy-Martel établit Fulcoy de Tornay seigneur de la *Motte*, cet immense tumulus, alors fortifié, qui dominait tout l'intérieur du castellum antique.

Cet état de choses rendait la guerre inévitable entre des chefs également jaloux, également avides de pouvoir. En effet, à peine Lysois eut-il fermé les yeux que le nouveau gouverneur, Arnould de Mehun, Fulcoy de la Motte et Sulpice Ier d'Amboise, fils de Lysois, en vinrent aux mains, chacun d'eux espérant que les divisions survenues entre les deux neveux de Geoffroy-Martel lui permettraient de réunir, sous son autorité, tous les lambeaux du puissant fief d'Amboise.

En 1069, Foulques-Réchin, devenu comte d'Anjou, se crut obligé d'intervenir. Cet héritier de Geoffroy-Martel vint en personne assiéger la tour, résidence féodale de la famille de Lysois ; mais, après plusieurs attaques infructueuses, il prit le parti de se retirer.

Ces événements se passaient encore sous Sulpice Ier. Il paraît que Hugues Ier, son fils, réussit à se débarrasser de ses compétiteurs. Le château et le donjon tombèrent en son pouvoir ; il les retint, non à titre de conquête, mais comme dot d'Élizabeth, sa femme, dot convenue, assurait-il, entre lui et Geoffroy-Martel, dont Élisabeth était la sœur utérine. Foulques-Réchin refusait de ratifier la promesse de son oncle ; sa mort survenue en 1109, l'empêcha de réaliser les projets de vengeance qu'il méditait. Son fils, Foulques V, animé de sentiments plus pacifiques, maintint par un acte solennel Hugues dans la jouissance de sa conquête.

En mettant fin aux dominations multiples qui s'étaient succédées dans le vieux domaine d'Ingelger, cet acte de Foulques V prépara les grandeurs de la maison de Bazogers-Lavardin, immortalisée depuis sous le nom d'Amboise.

Avec Hugues, Amboise devient véritablement une ville. Des guerres heureuses, des accroissements de territoire et la riche succession de Godefroy de Chaumont (1) mirent le petit-fils de Lysois à même d'exécuter de grandes choses : il fit réédifier le château, construire en pierre les ponts qui n'étaient que de bois, et bâtir le monastère de Saint-Thomas. Entre autres fondations pieuses, on lui doit la coutume touchante de nourrir au château, pendant le carême, treize pauvres, habillés de neuf à la Saint-Jean, *avec robes de drap, braies et chemises*. Hugues se distingua dans la grande armée des croisés. Les chroniques du temps, les historiens de

---

(1) Godefroy de Chaumont eut pour père Guelduin de Saumur, seigneur de Pont-Levoy et de Chaumont. Ce feudataire, surnommé dans les Chroniques *puella*, jeune fille, à cause de son extrême beauté, vécut jusqu'à 100 ans, et laissa en mourant Chaumont et sa mouvance à Sulpice I*er*, frère de Lysois, et père de Hugues I*er*. Sulpice recueillait l'héritage de Gelduin, comme mari de Denise, fille de Frangal, sire de Fougères et de Chaana, sœur de Godefroy. (V. *Guide du Voyageur à Blois*, p. 212 de la 1*re* édition.)

la guerre sainte se plaisent à rendre témoignage à son intrépidité. Son contingent faisait partie du corps de troupes, commandé par cet Etienne Ier, comte de Blois, qu'ont immortalisé ces vers de la Jérusalem délivrée :

Ma Cinquemila Stephano, d'Ambuosa,
E di Blesse, e di Turs in guerra adducé.

« par Étienne sont amenés cinq mille guerriers d'Amboise, de Blois et de Tours. »

Hugues se croisa une seconde fois, en 1129, sous Foulques V, comte d'Anjou, son véritable suzerain. Il mourut dans ce deuxième voyage, à Jérusalem, et reçut les honneurs de la sépulture sur le mont des Oliviers (1).

A Hugues Ier succéda Sulpice II, son fils. Ce haut baron, d'un caractère inquiet et remuant, fut d'abord heureux dans ses entreprises ; il vainquit et fit prisonniers tour à tour, de 1132 à 1136, Geoffroy-Grisegonelle et Jean Ier, son fils, seigneurs de Vendôme, qui lui avaient déclaré la guerre ; mais, tombé lui-même par trahison au pouvoir de Thibault IV, comte de Blois, après la prise de la Motte-Mindray, près Chaumont, il fut enfermé dans la tour de Châteaudun avec ses deux fils, Hugues et Hervé. Il décéda dans cette prison, le 24 août 1153 ; pour les deux jeunes frères, ils furent délivrés par l'intervention de Henri-Plantagenet, comte d'Anjou, depuis roi d'Angleterre. Ce même prince, quelque temps après, reprit le château d'Amboise dont le comte de Blois s'était emparé.

(1) E. Cartier, *Rev. Numism.*, 1845, — 116, *in Not.*

Vers l'an 1159, Henri eut à Amboise une entrevue avec Louis VII, roi de France; dans cette réunion, Louis obtint du monarque anglais la promesse d'une réconciliation avec Thomas Becket, archevêque de Cantorbéry, que l'église honore sous le nom de saint Thomas de Cantorbéry. On sait comment Henri tint parole. Le fils aîné de Hugues Ier était alors rentré en possession des héritages paternels. L'histoire le distingue, dans la série des seigneurs d'Amboise, sous le nom de Hugues II.

Son fils, Sulpice III, l'un des chevaliers bannerets de Touraine, nommés, en 1213, par Philippe-Auguste, eut la douleur de voir sa ville et son château d'Amboise pris et dévastés par des bandes de ces brigands connus au XIIe siècle sous le nom de *cotereaux*. Guillaume-le-Breton accuse de ce désastre le célèbre Girard d'Athée, et cette imputation odieuse a traversé les siècles, répétée par presque tous les Historiens. Néanmoins, dans un récent travail, M. Lambron de Lignim s'est efforcé de laver la mémoire du grand capitaine tourangeau des calomnies intéressées de l'auteur de la Philippide. L'illustre et infortuné Girard paraît avoir reçu le jour dans la baronnie d'Amboise. Loin d'avoir contribué aux malheurs qui affligèrent sa patrie, dans les premières années du XIIe siècle, il ne fut probablement investi, alors, des gouvernements de Tours et de Loches que pour prévenir le retour de semblables calamités (1).

(1) M. Lambron de Lignim, *Recherch. Histor. sur Girard d'Athée*, au tome VII, p. 177 des Mémoires de la Société archéologique de Touraine.

Sulpice III eut de son union avec Mathilde, qualifiée par Chalmel du titre de comtesse de Blois, une fille appelée, comme sa mère et son aïeule, Mathilde ou Mahaut, laquelle fut dame d'Amboise au décès de son père. Mathilde qui, d'après le même historien, ajouta à son titre d'Amboise celui de Chartres, passe pour la fondatrice de l'Hôtel-Dieu de la première de ces villes. On lit, dans un acte de donation de cette noble châtelaine, que cet établissement était déjà, de même que l'Hôtel-Dieu de Paris, dirigé par des religieuses prenant le titre de servantes de Dieu et des pauvres « *Deo et pauperibus servientes.* ». Cet ordre, formé par Saint-Landry, évêque de Paris, avait pu être introduit dans l'Hôtel-Dieu d'Amboise par saint Louis, lors de son passage dans cette ville.

Mathilde mourut sans postérité. Sa succession fut recueillie par son cousin-germain, Jean de Berrie, fils de Jean d'Amboise, et de Marguerite de Berrie. Jean de Berrie, qui fut Jean Ier d'Amboise, affranchit, en 1256, les habitants de Limeray de leurs tailles et redevances, et laissa ses vastes domaines à Jean II, son fils. Celui-ci eut deux enfants : l'aîné, Pierre, lui succéda, à Amboise, sous le nom de Pierre Ier ; le puîné eut en partage Chaumont et devint la tige de la maison de Chaumont-Amboise, illustrée à la fin du XVe siècle, par Georges, cardinal d'Amboise, vertueux ministre du vertueux Louis XII.

Pierre Ier eut pour successeur Pierre II. Ce suzerain et sa femme, Jeanne de Chevreuse, fondèrent, dans la ville d'Amboise, un couvent des cordeliers et, dans l'église du château, une confrérie de Saint-Nicolas, longtemps florissante. Supprimée en 1782, ses biens furent réunis à la dotation de l'Hôtel-Dieu. Pierre II fut suivi d'Ingelger, surnommé *le Grand*, fait prisonnier à la fatale bataille de Poitiers, en 1356. Cet illustre personnage se vit obligé, pour payer sa rançon, de vendre la terre de Chevreuse qu'il tenait de sa mère. En mémoire de sa délivrance, il fit bâtir, en 1459, l'église des Augustins de Tours. On y voyait encore, en 1789, dans un vitrail du chœur, ses armes écartelées de celles d'Isabelle de Thouars, sa femme. Ingelger-le-Grand n'était pas mort en 1360 : il fut, dans cette année, l'un des cinq gentilshommes tourangeaux qui se portèrent caution du traité de Brétigny, quant aux places fortes de la Touraine. On lui connaît deux fils ; Pierre III, décédé sans postérité, et Ingelger dont le fils, Louis, succéda à Pierre III.

Louis Ier possédait, avec Amboise, les seigneuries de Bléré, de Montrichard, les vicomtés de Thouars, de Mauléon et plusieurs autres fiefs : il en prend les titres dans nombre d'actes et de diplômes. Déclaré coupable de lèse-majesté et condamné à mort, le 8 mai 1431, par arrêt du parlement, séant à Poitiers, en présence de Charles VII, sa peine fut commuée en une prison perpétuelle. Ses biens confisqués par le même arrêt accrurent l'apanage de Georges de la Trémouille, favori du roi ; mais des lettres-patentes du mois de septembre 1434 le réintégrèrent dans toutes ses possessions, à la réserve d'Amboise qui resta à la couronne. Louis s'attira, à diverses reprises, la colère de Charles VII, mais il n'usa pas sa clémence : à de nouvelles confiscations de ses fiefs prononcées par le parlement succédaient de nouvelles réintégrations ordonnées par le souverain. L'année 1469 vit enfin s'achever sa vie turbulente. Amboise, le berceau et la gloire de ses pères, n'abrita pas sa dernière heure.

Ainsi, un arrêt du parlement, de 1431, et des lettres-patentes du roi, de 1434, mirent fin à l'hégémonie féodale d'Amboise.

La noble maison issue de Lysois portait *palé d'or et de gueules de six pièces*. Ces armoiries devinrent celles de la ville, qu'elle avait si longtemps tenue sous sa domination ; seulement, dit M. Cartier, on y ajouta le chef d'azur, chargé de trois fleurs de lys d'or, comme sur les anciennes armes des autres villes de France.

Devenu propriété royale, le château d'Amboise partagea souvent, avec Blois, l'honneur d'héberger la cour, dans ses visites aux bords de la Loire. Charles VII s'y transporta, en 1432, lors des déprédations commises en Touraine par le capitaine Rodrigo de Villa Andrado ; en 1440, pour s'opposer à la révolte du dauphin, depuis Louis XI. A la mort de Charles, il devint l'asile de sa veuve, Marie d'Anjou, princesse aussi distinguée par son mérite que par ses vertus.

Louis XI, aussitôt après son sacre, y vint rendre visite à sa mère ; il y fixa son douaire et apanagea du duché de Berry son frère Charles.

En septembre 1461, la ville résolut d'y fêter avec pompe la venue de Charlotte de Savoie, épouse du nouveau roi. Outre *d'autres beaux esbatements* qui se firent, elle décida « que la moralité que maistre Etienne avoit
» faite pour jouer à ladite joyeuse venue, seroit payée
» aux dépens d'icelle ville, et qu'elle seroit jouée par

» personnaiges, et que la ville fourniroit les bougrans
» pour faire les abris aux joueux d'icelle. »

Ces fêtes furent suivies de la brillante réception du comte de Charolais, depuis duc de Bourgogne, sous le nom de Charles-le-Téméraire, et, quelques mois après, de celle de la reine d'Angleterre, Marguerite d'Anjou, qui venait implorer le secours du roi de France. Cette princesse infortunée n'emporta du château d'Amboise qu'un traité illusoire.

En 1465, à la première nouvelle qu'il eut de la ligue des grands feudataires, dite *du bien public,* Louis XI se rendit en diligence à Amboise. Son premier soin fut d'y rassembler une armée pour marcher sur le Bourbonnais, puis d'y organiser les habitants en une sorte de milice urbaine ; il confia à ces soldats improvisés la garde du château, leur recommandant « *d'apporter leurs pots et cuillers audit chastel, de boyre de ses vins, et de ne rendre la dicte place sinon à luy.* »

Fidèles à leur souverain, les bons habitants d'Amboise eurent la satisfaction de remettre les clefs du château à la reine qui les remercia de leur attachement.

Après le malencontreux traité de Péronne, Louis XI réunit à Amboise le Parlement et les autres cours du royaume. Redoutant les railleries des Parisiens, il exigea l'enregistrement du traité sans bruit ni remontrances. Les railleries qu'il craignait ne lui furent cependant pas épargnées. Les malicieux habitants de Paris s'avisèrent d'instruire des oiseaux à répéter : *Péronne ;* mais un édit, publié à son de trompe, enjoignit de saisir et de transporter au château d'Amboise tous les oiseaux de cage, atteints et convaincus d'offense envers la personne royale.

C'est au même château, assurent plusieurs auteurs, que le cardinal La Balue, convaincu de trahison envers le roi, commença d'être enfermé dans la fameuse cage de fer où il gémit onze ans durant; du moins, la cédule royale qui ordonna la confection de cette prison d'une horrible espèce, est-elle datée d'Amboise le 11 février 1469. Presque en même temps, Louis instituait dans cette ville l'ordre de Saint-Michel, destiné à remplacer celui de l'Étoile, fondé par le roi Jean, et y procédait avec éclat à la réception des quinze premiers chevaliers. Une autre fondation de Louis, celle de l'église de Saint-Florentin d'Amboise, se reporte encore à l'année 1469; il fit élever ce monument de sa piété sur un terrain fourni par les notables et nommé la *Nonnerie*, où de vieux bâtiments servaient à leurs assemblées.

Louis XI apparut plusieurs fois encore à Amboise; mais des événements peu importants signalent ces courtes visites. La dernière eut lieu au mois de septembre 1482; elle fut pour son fils, depuis Charles VIII, qu'il y faisait élever en secret, sous les regards de Charlotte de Savoie, sa mère. Cette princesse survécut peu de temps à son mari. Confinée au château d'Amboise, négligée par le roi, elle méritait d'être plus heureuse : chez elle les grâces de l'extérieur s'unissaient aux qualités du cœur et de l'esprit; mais qui fut heureux avec le fils de Charles VII?

Dans l'année 1483, qui vit mourir Louis XI, le château et la ville d'Amboise furent témoins de pompeuses réjouissances. Elles eurent lieu pour les fiançailles du dauphin et de Marguerite d'Autriche. Etienne Ragueneau, maire de Tours, y assista, sur l'invitation du roi ; ce qui fut remarqué alors.

A peine le terrible monarque avait-il fermé les yeux, que la route d'Amboise au Plessis-les-Tours fut couverte de courtisans pressés d'adorer l'astre levant du nouveau règne. Là, malgré les réclamations de Charlotte de Savoie et du duc d'Orléans, depuis Louis XII, la tutelle de Charles VIII, ainsi l'avait réglé le testament de son père, fut décernée à la princesse Anne de Beaujeu, sœur aînée du jeune roi.

Devenu majeur, Charles prit Amboise en affection : il y faisait de fréquents séjours avec Anne de Bretagne, sa femme. Pendant les premiers temps de son mariage, il fit construire pour saint François-de-Paule, que son père avait attiré en France, deux monastères, l'un au bout du parc et l'autre dans la ville même. Ce dernier, qui subsistait encore, comme magasin, en 1821, a été décrit par Millin, dans son Voyage du Midi de la France.

Durant leurs absences, le roi et la reine laissaient à Amboise, où il était né, le dauphin, leur fils. Ce tout jeune prince, dont la santé les inquiétait, fut enlevé à leurs soins et à leur amour, le 16 décembre 1495, « C'était, dit Commines, un bel enfant, et audacieux en « parole, et ne craignant aucune chose. » La tombe en marbre blanc, qui renferme ses restes et ceux de son frère puîné, se voit encore dans l'église cathédrale de Tours.

Charles VIII, dont l'expédition de Naples, commencée

sous d'heureux auspices, eut une si malheureuse issue, rapporta le goût des arts de ses campagnes d'Italie. La vue des monuments de tout genre, qui décorent cette superbe péninsule, lui inspira le désir de se bâtir un palais à Amboise. Il le fit commencer, à son retour, par des artistes distingués qu'il avait ramenés avec lui. Sa mort arrêta les travaux. Il n'y eut d'achevé que les deux grandes tours, la chapelle, cette merveille de la renaissance, le parc qui s'étendait sur tout le camp romain, et les jardins fleuristes et potagers établis à Château-Gaillard, au bas de ce camp.

Charles mourut le 7 avril 1498, à Amboise, dans une galerie du nom de *Hacquelebac*, où il était allé, en compagnie de la reine, voir des joueurs de paume.

Cette fin prématurée du fils de Louis XI, cette immense rénovation d'une ville et d'un château, qu'elle arrête tout-à-coup, ont inspiré à Philippe de Commynes quelques-unes de ses plus belles pages.

« Je veuil, dit-il, parler du soubdain trespas de
» nostre roy Charles huictiesme de ce nom ; lequel
» estoit en son chasteau d'Amboise, où il avoit entreprins
» le plus grand édifice que commencea, cent ans à, roy,
» tant au chasteau que à la ville, et se peut veoir par
» les tours par où l'on monte à cheval, et parcequ'il
» avoit entreprins à la ville, dont les patrons estoient
» faictz de merveilleuse entreprinse et despence,
» et qui de longtemps n'eussent prins fin. Il avoit
» amené de Naples plusieurs ouvriers excellens, en
» plusieurs ouvraiges, comme tailleurs et painctres,
» et il sembloit bien que ce qu'il entreprenoit estoit

» entreprinse de roy jeune, et qui ne pensoit point à la
» mort, mais espèroit longue vie, car il joignit en-
» semble toutes les belles choses dont on lui faisoit
» feste, en quelque pays qu'elles eussent été vues,
» fust en France, Italie ou Flandres. . . . .
» . . . .

« Estant le roy en ceste grande gloire, quant au
» monde et au bon vouloir quant à Dieu, le septiesme
» jour d'avril, l'an mil quatre cent quatre-vingt-dix-
» huit (1), veille de Pâques flories, il partit de la chambre
» de la reine Anne de Bretaigne, sa femme et la mena
» quant et lui pour veoir jouer à la paulme ceux qui
» jouoyent aux fossez du chasteau, et il ne l'y avoit
» jamais menée que ceste fois, et entrèrent ensemble
» en une gallerie qu'on appelloit la gallerie Hacque-
» lebac, parceque cestuy Hacquelebac l'avait eue autre-
» fois en garde, et estoit le plus déshonneste lieu de
» léans. . . . . »

Commynes décrit ensuite les circonstances de la mort du roi, longue et chrétienne agonie, honneur de ce lieu misérable, puis il ajoute : « ainsi despartit de ce monde,
» si puissant et si grand roy, et en si misérable lieu,
» qui tant avoit de belles maisons, et en faisoit une si
» belle. Et si ne sceut à ce besoin finer une povre
» chambre. Et combien peult-on par ces deux exemples
» ci-dessus couchez (2), congnoistre la puissance de

(1) 1499, nouv. style. L'année 1498 commença, selon le vieux style, le 15 avril.

(2) Les morts de Charles VIII et de son père.

» Dieu estre grande, et que c'est peu de chose que de
» nostre misérable vie, qui tant nous donne de peine
» pour les choses du monde, et que les rois n'y peuvent
» résister, non plus que les laboureurs (1). »

Le règne de Louis XII s'ouvrit, à Amboise, par les scandales de son divorce avec Jeanne de France, fille de Louis XI. Juridiquement, le roi gagna son procès ; mais tout l'intérêt resta du côté de Jeanne. Cette princesse déploya, dans le cours de l'instruction, autant de courage que de vertu. Le tribunal, chargé de décider, ne siégea pas toujours dans la ville d'Amboise; son arrêt, toutefois, y fut prononcé, dans l'église de Saint-Denis, au milieu des murmures et des imprécations de la foule. Un cordelier, prédicateur très populaire, qui blâmait hautement le divorce, fut menacé d'être lié dans un sac et jeté à l'eau ; il répondit : « *Qu'il aimoit autant, prêchant la vérité, aller au paradis par eau, si on l'y faisoit jeter, que par terre et par son chemin ordinaire.* » Affranchi de la chaîne qui l'attachait à la vertueuse Jeanne, Louis épousa, le 7 janvier 1499, la veuve de de Charles VIII, Anne de Bretagne, qu'il aimait depuis longues années.

Amboise fit une réception brillante à cette princesse. Par des motifs de convenance, Louis ne crut pas devoir partager les honneurs rendus à sa nouvelle épouse. Il la rejoignit sans bruit quelques jours après. Ce premier séjour à Amboise paraît avoir été pour le bon roi une

(1) *Mém. de Commynes*, liv. VIII, ch. 24, édit. de la Soc. de l'Hist. de France, tom. II, p. 585 à 589.

ère de véritable bonheur. Désireux de plaire à la jeune reine, il adjoignit au château une superbe galerie et le beau jardin, dit *Jardin royal.* Cette galerie, qui régnait le long de la Loire, et ces jardins, vantés dans les récits de l'époque, ne sont plus que des souvenirs legués par l'histoire.

Les cruelles exigences de la guerre et de la politique l'arrachèrent bientôt aux délices de cette vie tranquille. Puis, le château de Blois, qui l'attirait par le charme des souvenirs d'enfance, lui fit abandonner tout-à-fait le vieux manoir des Hugues et des Ingelger. Cette préférence n'empêcha pas la ville d'Amboise de faire éclater, en 1508, toute son allégresse à la nouvelle de la conclusion du mariage de Claude de France, héritière du duché de Bretagne, avec le comte d'Angoulême, héritier présomptif de la couronne. On joua à cette occasion un *Mystère de la Passion*, dont le succès eut un tel retentissement, que le comte de Dunois, voulant le faire représenter à Châteaudun, fit demander par ambassade aux échevins communication des rôles; ce qui fut gracieusement octroyé.

François Ier, qui conservait un doux souvenir d'Amboise où ses jeunes années s'étaient écoulées, rendit cette résidence témoin de nombreux tournois; il aimait ces exercices chevaleresques dans lesquels il pouvait déployer son adresse et sa force naturelles. Ce fut pendant une de ces fêtes, donnée à l'occasion du mariage de Renée de Montpensier avec le duc de Lorraine, qu'il vint à bout d'un sanglier, lâché dans la cour du château. Cet animal, irrité par les agaceries réitérées des dames penchées aux fenêtres pavoisées du castel, brisa les portes de l'escalier et monta, furieux, jusqu'à l'appartement de ses belles provocatrices. Le roi, renouvelant l'antique prouesse de Pépin, marcha seul au-devant de la bête et la tua d'un coup de son épée ; événement qui fut célébré sur tous les tons par les poètes suivant la Cour.

Durant la campagne d'Italie, en 1515, Louise de Savoie, mère du roi et régente du royaume, séjourna plus d'une fois au château d'Amboise ; elle y reçut la nouvelle de la victoire de Marignan.

La bonne reine Claude ne quittait guère non plus cette résidence. Elle y mit au jour, les 29 août 1515 et 23 octobre 1516, deux filles : les princesses Louise et Charlotte. Mais son royal époux désirait un fils. Tous les deux firent vœu, si Dieu, par l'intercession de saint François-de-Paule, le leur accordait, de donner à ce nouveau-né le nom de *François* en l'honneur du bienheureux ermite ; le roi promit, en outre, de poursuivre en cour de Rome la canonisation du saint. Les vœux du couple auguste furent exaucés : un fils lui naquit à Amboise le 28 février 1518. La cérémonie de son baptême fut célébrée dans le lieu de sa naissance, par des fêtes et des réjouissances d'une splendeur incomparable.

A l'exemple de ses deux prédécesseurs, François Ier s'éprit en Italie d'une noble passion pour les arts ; il amena de cette poétique contrée plusieurs grands maîtres, entre autres Léonard de Vinci. Ce peintre illustre possédait à Amboise même le petit château du Clos-Lucé ou simplement du Clous *(closum)*. Ce modeste manoir, qui subsiste encore, lui venait, très probablement, d'une libéralité du roi. On a cru longtemps que Léonard y rendit le dernier soupir : c'est une erreur; mais il est certain qu'il y fit son testament. Cette pièce, écrite en italien, est datée du 23 août 1518 et rédigée en présence de Guillaume Boreau, notaire royal de la court et bailliage d'Amboise.

Les fastes de cette ville nous mènent, sans événements bien remarquables, jusqu'à l'arrivée de Charles-Quint. Cet empereur fit son entrée au château, de nuit, par une des deux tours montantes de Charles VIII : « *ycelle tour*, dit Dubellay, *estoit aornée de tous les aornements dont on se pouvoit adviser, et tant garnie de flambeaux et autres luminaires, qu'on y voyoit aussi cler qu'en une campaigne en plein midy.* » Mais un incident pensa troubler la fête : Un foyer allumé dans une pièce voisine remplit tout à coup l'appartement de l'Empereur d'une fumée épaisse. Ce prince qui, dans tout le cours de son voyage à travers la France, ne put se défendre d'un secret effroi, se crut perdu. Mais le chevaleresque François, aussitôt averti, vint en personne rassurer son hôte impérial, et, pour le moment, les craintes du puissant empereur se dissipèrent aussi promptement que la fumée, leur cause innocente et légère.

Adieu maintenant les paladins, les tournois et les fêtes ! Adieu les rois pères du peuple et des lettres ! Adieu les reines belles, joyeuses, adorées ! Voici venir dans la lice des carrousels, dans le champ des joûtes, les exécutions sanglantes et les massacres impitoyables !

Nous sommes en pleine guerre civile : le jeune François II, prince débile et maladif, vient d'être transféré par sa mère et les Guise dans le château d'Amboise. Secrètement avertis que la Renaudie, gentilhomme protestant, ourdit un vaste complot dans le but d'enlever le roi, ils espèrent mettre à l'abri d'un coup de main, derrière les fortifications de cette place, le faible monarque et la belle Marie-Stuart, son épouse. Cependant, bien que prévenu de la trahison d'un de ses amis, La Renaudie pressait au château de Noizay, près d'Amboise, l'exécution de ses plans, et les gentilshommes protestants, initiés au complot, se hâtaient de se rendre auprès de lui. Tout était disposé. De nouvelles trahisons, des imprudences, la prise du baron de Castelnau, l'un des principaux complices, la mort de La Renaudie, tué dans une rencontre avec les troupes royales, firent avorter cette conspiration, conduite avec non moins d'habileté que d'audace. La plupart des conspirateurs furent arrêtés dans les environs d'Amboise ; Castelnau et quelques-uns des plus hardis meneurs furent publiquement exécutés ; les autres, au nombre de plusieurs centaines, furent cousus dans des sacs et jetés dans la Loire, ou pendus sans formalité aux créneaux des bastions et des tours. On montre encore au château d'Amboise les places où restèrent exposés les cadavres des victimes de ces épouvantables exécutions.

Charles IX paraît avoir négligé le château d'Amboise ; le traité de pacification, dit *Édit d'Amboise*, de 1563, signale cependant un séjour de ce prince dans cette résidence.

Henri III, son successeur, en fondant en 1578 un

collége dans la ville, y laissa un monument honorable de son règne : mais, sous ce dernier des Valois, le château devint une sorte de prison d'État. Après l'assassinat du Balafré et du Cardinal, son frère, il y fit transférer de Blois l'archevêque de Lyon, le cardinal de Bourbon, le président de Neuilly, le prince de Joinville, les ducs d'Elbeuf et de Nemours, Marteau, prévôt des marchands, et l'abbé Cornac. Ne se reposant que sur lui-même de la surveillance de ses prisonniers, le roi s'en constitua le gardien et les accompagna en personne jusqu'à leur destination. Bientôt, l'évasion du duc de Nemours, favorisée par Du Guast, l'un des meurtriers du Balafré et commis à la garde des prisonniers, contraignit Henri III de faire revenir à Blois l'archevêque et ses compagnons de captivité (1).

Sous Louis XIII, le château fut remis aux mains du prince de Condé comme garantie du traité de Sainte-Ménéhould, et, peu de temps après, entièrement converti en prison d'État. Il reçut à ce titre, le 10 avril 1624, le surintendant la Vieuville, dans lequel Richelieu croyait apercevoir un rival d'autorité. la Vieuville réussit à s'échapper après treize mois de captivité. Deux fils naturels de Henri IV, César, duc de Vendôme, et Alexandre, grand-prieur de France, complices de l'infortuné Chalais, furent les successeurs du surintendant. Les deux frères ne demeurèrent pas longtemps ensemble : Alexandre fut transféré presque aussitôt à Vin-

---

(1) M. de la Saussaye, *Hist. du Château de Blois*, p. 308, 309, 310, 311.

cennes et César ne sortit qu'en 1630. Il paraîtrait, d'après M. Cartier, que le château d'Amboise aurait été pris en 1631, sur Gaston, duc d'Orléans, après plusieurs jours de siége. A cette époque, en effet, le manoir et son domaine faisaient déjà partie de l'apanage de ce prince. Cette aliénation, néanmoins, n'eut aucune suite heureuse pour Amboise ; Blois fut toujours la résidence favorite du frère de Louis XIV.

A la mort de Gaston, le château de Charles VIII redevint une prison d'État. Louis y fit enfermer deux hommes célèbres à des titres différents, le surintendant Fouquet et le duc de Lauzun. On prétend que ces deux personnages se visitaient par une ouverture pratiquée au plafond qui séparait leurs chambres. Quoi qu'il en soit, la longue détention de Fouquet valut à la ville d'Amboise l'honneur d'une visite de La Fontaine. Les œuvres du célèbre fabuliste contiennent une piquante relation en prose et en vers de ce voyage, adressée de Châtellerault à sa femme, le 5 septembre 1663.

Arrivé à Amboise, les belles vues du château lui arrachent d'abord un cri d'admiration, mais, bientôt, reportant sa pensée vers le surintendant, son bienfaiteur, qui vit là, privé du plaisir de les contempler, il ajoute avec un sentiment de profonde et naïve tristesse :
« De tout cela le pauvre M. Fouquet ne put jamais,
« pendant son séjour, jouir un petit moment ; on avait
« bouché toutes les fenêtres de sa chambre, et on n'y
« avait laissé qu'un trou par le haut. Je demandai à le
« voir, triste plaisir, je vous le confesse, mais enfin je
« le demandai : le soldat qui nous conduisait n'avait pas

« la clef, au défaut, je fus longtemps à considérer la
« porte et me fis conter la manière dont le prisonnier
« était gardé..... »

Depuis Fouquet et Lauzun, le château d'Amboise cessa d'être une succursale de la Bastille. En 1762, le duc de Choiseul-Stainville, premier ministre de Louis XV, l'obtint de la couronne en échange de diverses seigneuries ; en 1764, il le fit ériger en Duché-Pairie ; cependant, lors de sa disgrâce, en 1770, il ne l'habita pas : il lui préféra le château voisin de Chanteloup, vaste et splendide maison, aujourd'hui détruite, à la réserve de la pagode.

Le duc de Choiseul, durant son séjour à Chanteloup, se montra bienveillant envers la ville d'Amboise : il lui fit présent des tapisseries qui ornent encore aujourd'hui la grande salle de la mairie et du nouveau cimetière, celui-là même où il fut inhumé en 1785.

Tandis que le duc de Choiseul donnait à la ville d'Amboise ces marques de son intérêt, la duchesse, son épouse, répandait dans la ville et les campagnes d'alentour d'abondantes et discrètes aumônes. Mais laissons parler *la Chanteloupée* de l'illustre auteur d'Anacharsis :

> Non loin des bords arrosés par la Loire,
> Est un château, superbe monument,
> Où de Choiseul étincelle la gloire.
> Philis (1) en est le plus bel ornement.

(1) Mme de Choiseul.

Un peuple entier, heureux de sa présence,
Par ses bienfaits, par sa reconnaissance,
Court auprès d'elle, et se fait un devoir
De la bénir, de l'aimer, de la voir,
Craint de la perdre ; après l'avoir perdue
Demande au ciel qu'elle lui soit rendue.
. . . .
Philis errait dans les champs d'alentours ;
Dans les hameaux, dans une humble chaumière,
Elle portait sans faste des secours,
Elle y portait ces bienfaits, ces discours,
Qui, dans les cœurs flétris par l'indigence,
Font luire encore un reste d'espérance.
. . . .

Le bien que semait Madame de Choiseul ne trouva pas toujours des cœurs ingrats. Noblement ruinée pour pour avoir payé les dettes de son mari, cette dame, qui vécut dans les splendeurs de Versailles, dans les pompes de Chanteloup, habitait à Paris, durant la révolution, un très modeste appartement de la *rue Dominique*. Elle vivait là, connue d'un petit nombre d'amis. Un jour que la seule femme de chambre restée à son service était sortie, c'était cette Jeannette immortalisée par les vers de Barthélemy, un inconnu se présenta. Mme de Choiseul ouvrit elle-même. On était en 1800, à l'issue d'une révolution. Le costume porté par le visiteur était le costume de tous, le costume démocratique. Fallait-il l'appeler monsieur, citoyen, mon ami ? Le cas était perplexe. Heureusement, après un instant d'attente, l'étranger comprit au sourire bienveillant de la duchesse, qu'il lui fallait expliquer le but de sa visite. Alors, ajoute M. L.

Monty (1), à qui j'emprunte cette anecdote, « alors, tout embarrassé et comme attendri : vous ne me remettez pas, Madame la duchesse ? Petit Pierre, vous savez bien..... qui ramassait du crottin, sauf votre respect, sur la route de Chanteloup.... et que vous lui demandiez toujours ce qu'il désirait pour être heureux..... un âne et une charrette que je vous disais, Madame la duchesse.... Vous me les avez donnés, et ça m'a profité vraiment.... je suis riche, très-riche..., et vous, Madame, ça serait-il vrai ce qu'on dit.... que vous ne l'êtes plus.... eh ! que si n'est-ce pas, vous l'êtes encore.... Car tout ce que j'ai est à vous, Madame la duchesse, puisque vous m'avez donné l'âne et la charrette ; et vrai, là, très vrai, vous me ferez bien plaisir de le reprendre. M. le duc de P...., qui survint quelques moments après, trouva Madame de Choiseul excessivement émue de cette scène qu'elle lui raconta. »

En mourant, comme on le voit, le duc de Choiseul laissait une fortune obérée. Sa succession, obligée de revendre le domaine d'Amboise, en fit la rétrocession à la couronne ; il fut alors compris dans l'indemnité que celle-ci accordait au duc de Penthièvre pour la principauté de Dombes, acquise du comte d'Eu par Louis XVI.

Confisqué en 1793, de même que tous les biens laissés par le duc, le domaine d'Amboise redevint propriété de l'État. Sous le Directoire, son administrateur était M. Foussedoire, ancien conventionnel. Après le 18

---

(1) *Le duc de Choiseul à Chanteloup*, vol. 4, p. 824 et 825 de la Revue Européenne.

brumaire, Napoléon Ier y établit le chef-lieu d'une sénatorerie. Roger-Ducos, ex-consul, qu'il en créa titulaire, fit démolir la plus grande partie du château et l'église du chapitre. Ces bâtiments, négligés depuis des siècles, menaçaient ruine de toutes parts. On transporta toutefois, dans la nef de Saint-Florentin, un tombeau du Christ, trouvé dans les démolitions. Il est décoré de statues représentant, d'après une vieille tradition, François Ier et la famille Babou de la Bourdaisière.

« Ce monument, dit un spirituel écrivain, sollicite de nous quelques instants d'attention. « Le Sauveur du monde, au moment d'être enseveli, est entouré par les saintes femmes, par saint Joseph, Nicodème et saint Joseph d'Arimathie. Ces figures, plus grandes que nature, exécutées en terre cuite par l'un des artistes italiens venus en France à la suite de l'invasion de François Ier, en Italie, représentent toute une génération de la famille Babou de la Bourdaisière. Les quatre femmes offrent les portraits fort ressemblants, dit-on, de Marie Gaudin, femme de Philibert Babou et de ses trois filles...... Le Roi-Chevalier se reconnaît dans le saint Jean, et Babou père dans la figure du Christ. Ce tombeau fut, en effet, conçu par lui et destiné à le recevoir dans l'église de Bon-Désir (1). »

Sous la restauration, Amboise fut rendu au duc d'Orléans, en sa qualité d'héritier du duc de Penthièvre. Soit comme prince de sang, soit comme roi, le duc d'Orléans,

---

(1) M. de Croy, *Etud. statist. et hist. d'Indre-et-Loire*, p. 105 et 106.

durant le cours d'une propriété plus que trentenaire, fit peu de chose pour l'embellissement du château. Le dégagement des abords, l'aplanissement de l'entrée et l'entretien des jardins, des bâtiments et des tours éveillèrent seuls sa sollicitude. Néanmoins la chapelle lui doit sa restauration complète.

Sur la fin de son règne, Louis-Philippe donna le château pour prison à Abd-el-Kader, vaincu par les savantes combinaisons du maréchal Bugeaud et de ses lieutenants. Ce chef arabe, dont la lutte sur le sol algérien fut loin d'être sans gloire, doit sa délivrance à la générosité de l'Empereur Napoléon III. Aujourd'hui, le château d'Amboise et ses dépendances font, encore une fois, partie du domaine de l'État.

Ce qu'il en reste se compose d'un corps de logis appartenant à l'époque de la renaissance. On y admire à l'intérieur une magnifique salle des gardes ; mais c'est de l'extérieur que le vénérable monument veut être considéré ; ses tours, ses bastions, ses remparts présentent à la vue l'étonnant spectacle d'une forteresse féodale.

Deux de ces tours, celles de Charles VIII, sont construites de telle sorte qu'on peut y monter jusqu'au château à cheval et en voiture. L'architecture en est hardie, sévère et se recommande par quelques détails pleins d'élégance. Tours et fortifications sont dominées par le château, la chapelle et de vastes jardins, ce qui ajoute à la beauté pittoresque de l'ensemble. La chapelle, chef-d'œuvre de fine et délicate sculpture, est digne particulièrement de l'attention du voyageur.

Tel est le château d'Amboise ; bâti à l'extrémité du

haut cap formé par la réunion des vallées de l'Amasse et de la Loire, il possède, sur le cours de ce beau fleuve, un aspect magnifique et grandiose : « Ce qu'il y a de
« beau, s'écrie La Fontaine, c'est la vue; elle est
» grande, majestueuse, d'une étendue immense; l'œil
« ne trouve rien qui l'arrête; point d'objets qui ne
« l'occupent le plus agréablement du monde. On s'ima-
« gine découvrir Tours, bien qu'il soit à quinze ou
« vingt lieues (1) : du reste, on a en aspect la côte
« la plus riante et la mieux diversifiée que j'aie encore
« vue, et au pied d'une prairie qu'arrose la Loire, car
« cette rivière passe à Amboise. »

Ces perspectives sont aussi merveilleuses de nos jours qu'au temps du fabuliste. La nature n'a pas changé, et les travaux de l'homme ont plus ajouté qu'enlevé à leur beauté élyséenne. N'embrassent-elles pas toujours : au nord, la vallée de la Loire jusqu'aux riantes collines de Nazelles, et de vingt autres heureux villages; à l'ouest, Tours, flottante de loin sur les eaux, comme une autre Venise; au levant, tous ces paysages accidentés et si divers où Chaumont plane en de pacifiques horizons; alentour, cette région d'Amboise qu'un naïf traducteur de Thomas Pactius, le frère Hervé de la Queue, décrit ainsi dans son naïf idiôme : « Sus les rives du fleuve (l'Amasse),
« sont arbres verds en abondance, et ès pertuis d'iceux
« arbres, et ès joncs qui sont pardevant, moult d'oisil-

---

(1) Il y en a cinq ou six peut-être; mais l'auteur de Psyché, tout entier à ses rêveries, ne se préoccupait guère des distances.

« lons doucement chantans faisoyent leurs nids.... le
« dit fleuve est garny de chacun costé de fontaines
« froides et doulces, et entre les arbres, le rossignol
« chante au matin, et le cinceins (cigale) à midy, et les
« raines (grenouilles) au point du jour. Et pour ce, les
« gens y habitent volontiers. »

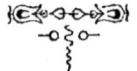

Blois. — Imp. et lithog. LECESNE.

www.ingramcontent.com/pod-product-compliance
Lightning Source LLC
Chambersburg PA
CBHW061010050426
42453CB00009B/1354